AF468606

LES ARCHIVES RÉVOLUTIONNAIRES DU DÉPARTEMENT DE LA MOSELLE A METZ

BIBLIOTHÈQUE NATIONALE R.F. IMPRIMÉS

I. District de Briey. — II. District de Longwy. — III. Actes et correspondance des représentants du peuple.

PAR

ERNST HAUVILLER

DOCTEUR EN PHILOSOPHIE
DIRECTEUR DES ARCHIVES DÉPARTEMENTALES DE LA LORRAINE A METZ
SECRÉTAIRE DE LA SOCIÉTÉ LORRAINE D'ARCHÉOLOGIE ET D'HISTOIRE

EXTRAIT DES *ANNALES RÉVOLUTIONNAIRES*
Janvier-Mars 1910, pp. 117-125 ; Avril-Juin, pp. 252-262 ; Juillet-Septembre, pp. 436-448.

PARIS
ERNEST LEROUX
28, RUE BONAPARTE

METZ
G. SCRIBA

1910

8° L14 j 123

LES

ARCHIVES RÉVOLUTIONNAIRES

DU DÉPARTEMENT DE LA MOSELLE

A METZ

BIBLIOTHÈQUE NATIONALE R.F. IMPRIMÉS

8° Lj 14 123

LES
ARCHIVES RÉVOLUTIONNAIRES
DU DÉPARTEMENT DE LA MOSELLE
A METZ

BIBLIOTHÈQUE NATIONALE R. 11 IMPRIMÉS

I. District de Briey. — II. District de Longwy. — III. Actes et correspondance des représentants du peuple.

PAR

ERNST HAUVILLER

DOCTEUR EN PHILOSOPHIE
DIRECTEUR DES ARCHIVES DÉPARTEMENTALES DE LA LORRAINE A METZ
SECRÉTAIRE DE LA SOCIÉTÉ LORRAINE D'ARCHÉOLOGIE ET D'HISTOIRE

EXTRAIT DES *ANNALES RÉVOLUTIONNAIRES*
Janvier-Mars 1910, pp. 117-125 ; Avril-Juin, pp. 252-262 ; Juillet-Septembre, pp. 436-448.

PARIS
ERNEST LEROUX
28, RUE BONAPARTE

METZ
G. SCRIBA

1910

LES ARCHIVES RÉVOLUTIONNAIRES

DU DÉPARTEMENT

DE LA MOSELLE A METZ

Il est hors de doute — pour tous ceux qui connaissent l'histoire des archives départementales et l'organisation des fonds qu'elles renferment — qu'il faut en Alsace-Lorraine en conserver le cadre de classement, qui a fait ses preuves depuis plus de soixante années et qui est basé sur l'existence même des fonds d'archives.

C'est ce qu'ont bien compris les archivistes allemands compétents : mes prédécesseurs immédiats à Colmar et à Metz étaient pour le maintien de ce cadre méthodique (1).

En France, tant au point de vue de la législation, de la formation du personnel, des classements méthodiques dans les séries anciennes aussi bien que modernes, on a depuis longtemps suivi un plan de travail uniforme : la collection des inventaires sommaires, les nouveaux états numériques, surtout les rapports annuels des archivistes départementaux en sont la meilleure preuve et j'ai déjà eu l'occasion de signaler cette supériorité aux congrès des archivistes à Carlsruhe et à Worms (2).

Dès mon arrivée à Metz, j'ai entrepris le classement méthodique et définitif de la série L (Administration révolutionnaire du Département de la Moselle de 1789 à 1800) dont j'espère pouvoir donner prochainemment un Etat numérique, plus détaillé pourtant que celui qui vient d'être récemment publié en France en

(1) Feu M. *Pfannenschmid* à Colmar, et à Metz, M. Wolfram, actuellement directeur de la Bibliothèque de l'Université de Strasbourg.

(2) 1907 et 1909. Cfr. Korrespondenzblatt des Gesammtvereins der deutschen Geschichts-u. Altertumsvereine. 1907, n°s 10 et 11, p. 409 ss. et 1909, n°s 11 et 12, p. 463 et s.

deux volumes pour tous les Départements de l'Ain à l'Yonne. Cet état numérique permettra d'attendre la publication d'un Inventaire sommaire analogue à ceux qui ont déjà été donnés en France pour les Départements de la Sarthe et de la Loire-Inférieure.

J'ai rigoureusement suivi le cadre de classement en usage en France et m'en suis peu souvent écarté. Les travaux du dernier archiviste départemental de la Moselle, M. Sauer, qui avait commencé à débrouiller la série L ont puissamment aidé et facilité ma tâche. On trouvera un modèle de mon classement dans l'inventaire suivant des papiers provenant des districts de Briey et de Longwy, qui faisaient partie sous la Révolution du département de la Moselle.

En offrant cette primeur à tous ceux qui travaillent sur l'histoire révolutionnaire, je dois exprimer ma reconnaissance au Conseil général de la Lorraine, plein de sollicitude et de dévouement pour tout ce qui touche aux archives, à l'organisation matérielle du dépôt, aux classements des diverses séries. Les conseillers généraux de la Lorraine ont considéré à juste titre qu'il était un de leurs devoirs de voter — sur l'initiative généreuse du comte de Zeppelin, président de la Lorraine, tous les crédits nécessaires au dépôt de Metz. C'est donc à eux et au comte de Zeppelin que les amis des études historiques sont redevables de l'inventaire des deux districts de Briey et de Longwy.

Ernst HAUVILLER,
Directeur des archives départementales de la Lorraine
à Metz.

Série L : Inventaire sommaire des registres et liasses des districts de Briey et de Longwy (1790-1795).

DISTRICT DE BRIEY.

438. Délibérations du Directoire de district et du Conseil général réunis (3 janvier 1791 – 5 août 1792). — 1 reg. 39 feuillets.

439. *Idem* (22 oct. 1792—12 ventose an II). 1 reg. 94 feuillets.

440. — (13 ventose an II—24 floréal an III). 1 reg. 142 folios.

441. — (25 floréal an III—20 brumaire an IV). 46 feuillets, 1 reg.

442. Transcription des Avis sur pétitions présentées soit au district soit au département par l'intermédiaire du district avec l'avis du district et du département (10 septembre 1790—30 juin 1791). 1 reg., 117 feuillets.

443. — (1 juillet 1791—14 mars 1792). Nos 1 à 630. 96 feuillets papier.

444. Délibérations du Directoire de district et du Conseil général réunis (15 mars 1792—12 avril 1793). Nos 1 à 616.

445. — (12 avril 1793—2 frim. an II). Nos 1 à 607.

446. — (3 frimaire an II—7 pluv. an III). Nos 1 à 2545, 275 feuillets papier.

447. — (7 pluviose an III—21 brum. IV). Nos 1 à 1357, 155 feuillets.

448. Table des délibérations et arrêtés du Directoire (6 sept. 1793—16 brum. an III).

449. Transcription de la correspondance reçue du Département de la Moselle (20 août 1790—28 mai 1791). 116 feuillets papier.

450. Transcription de la correspondance envoyée par le district de Briey (28 déc. 1793—1er fructidor an III).

SÉRIE M. : *Événements politiques*. — 451. Journée du 20 juin à Paris; adresse de sympathie envoyée au Roi par le département le 27 juin 1792 à la suite de la demande faite par le district de Sarreguemines (3 pièces).

Sûreté générale. — Arrêté contre les amis de la Constitution de Metz qui avaient alarmé la tranquillité publique (3 mars 1791, 1 p.). — Projets de certains factieux d'amener à Paris des gens armés pour la fédération du 14 juillet (5 juill. 1792, 2 p.). — Arrestation (2 juin 1793) de Mathieu, régent d'école à Sainte-Marie-aux-Chênes, qui a cherché à fanatiser la campagne contre la Révolution (1 p.). — Suspects d'incivisme; rapports d'arrestation; procès-verbaux de gendarmes: Balthazar, de Hayange et Étienne François Nicolas Montaigu, ci-devant commis aux forges de Moyeuvre, Viart, curé de Mance, Nicolas Regin, huissier à Metz, J. B. Gorge, ex-chanoine à Mars-la-Tour, la mère et les sœurs du curé de Génaville, Mathieu, maître d'école à Sainte-Marie-aux-Chênes (1793, 14 p.). — Serment prêté par le district (oct. 1792, 2 p.). — Brûlement des titres de noblesse (2 nov. 1792, 1 p.).

Administration. — Élection des assemblées primaires annulées (23 nov. 1792, 1 p.). — Assemblée électorale du Département à Thionville (10 nov. 1792, 1 p.). — Nomination du secrétaire général du Département (13 oct. 1792, 1 p.). — Suspension (15 août 1792) par le conseil exécutif national des membres du conseil du Département de la Moselle, intérim exercé par 9 membres, un de chaque district (3 p.). — Élection des membres de district, et du directoire (17-19 juillet 1790, 1 p.). — Renouvellement des membres du district (25 sept. 1791, 1 p.). — Remerciements du district de Briey qui devant l'invasion autrichienne s'était réfugié à Metz où il avait reçu bon accueil (19 oct. 1792); le district rentre à Briey après avoir tenu ses séances dans la maison des Trinitaires de Metz (2 p.). — Beauchamp, notaire à Briey, résigne ses fonctions d'administrateur pour ne s'occuper que de notariat (1 niv. an II,

1 p.). — Réduction par économie du format du papier de correspondance (1 déc. 1792, 1 p.). — Demande par le district des lois enlevées par les Autrichiens (22 août 1793, 3 p.).

Circonscriptions territoriales. — Formation du département, plaintes de la municipalité de Thumeréville contre le changement de canton mis à Conflans (21 nov. 1792, 2 p.). — Formation des cantons du district (nov. 1790, 1 p.). — Impositions des communes de Fameck, Eblange et Morlange (1791, 1 p).

État civil. — Loi sur l'état civil, modèles des actes, extraits (déc. 1792, 6 p.). — Dénombrement de la population; états demandés par le comité de division (sept. 1793, 1 p.).

Police. — On signale le vol d'assignats dans un bureau de poste (26 janv. 1791, 1 p.).

Agriculture. — Envoi par le Département d'un livre traduit de l'allemand sur la culture du trèfle, de la luzerne et du sainfoin (15 sep., 1792, 1 p.). — Évaluation de la valeur des terres à Vitry (nivôse an III, 2 p.). — Épizooties, Morve (1790-1793, 3 p.).

Subsistances. — Salines de Dieuze, Château-Salins, Moyeuvre, approvisionnement de sel des Départements des Vosges, Meurthe, Meuse-et-Moselle au prix de 6 sols par quintal; dépôt de sel dans chaque district (janv. 1792, 3 p.).

Série N. : *Comptabilité.* — Secours pour subvenir aux frais d'administration et aux frais judiciaires (2 juin 1792, 1 p.). — Versement des receveurs des districts à celui de Metz, afin de ne pas exposer les fonds au hasard des événements. Rétablissement de l'ancien état de choses (31 oct. 1792, 1 p.). — Traitement des fonctionnaires publics et employés du district (4 vend. an IV, 2 p.). — Vérifications du ci-devant district de Briey (26 pluviôse an IV, 1 p.).

Série P. : Instructions de la Trésorerie nationale adressées aux receveurs de districts (21 janv. 1792, 3 p.). — Vérification de la comptabilité des agents du Trésor (12 sept. 1792, 1 p.). — Régie nationale de l'Enregistrement, Domaines et Droits réunis, personnel (2 p.). — Secours accordés aux employés des anciennes fermes et régies (19 déc. 1791, 1 p.). — Rentes touchées par les établissements publics conservés, circulaire des commissaires du Roi (7 déc. 1792). — Assignats, circulaire d'Amelot (1792, 2 p.). — Faux assignats (12 oct. 1792, 1 p.). — Monnaie provenant du métal des cloches (18 mai 1792, 2 p.).

Contributions. — Recouvrement des impositions antérieures à 1790 (5 p.). — Contributions directes, visites des inspecteurs des rôles (fév. 1792, 4 p.). — Contribution foncière de 1791 ; mémoire du Ministre des Contributions publiques relatif aux opérations (9 mai 1792, 2 p.). — Rôles des contributions foncières et mobilières de 1792; impositions de remplacement (1792, 2 p.). — Contribution mobilière; exemption des maîtres de poste pour leurs chevaux et postillons (mai 1792, 2 p.). — Cotes d'exploitation, imposition de la municipalité de La Neuveville (13 fév. 1791, 1 p.). — Contribution patriotique, envoi de l'instruction (1792, 2 p.). — Emprunt forcé, lettre du département au district (27 nivôse an II, 1 p.). — Patentes : rôles : (14 oct. 1792, 3 p.).

Douanes. — Insurrection causée par l'établissement de préposés à la police du commerce intérieur à Vezin (janv. 1791, 2 p.). — Abus de visites commis par les municipalités et les gardes nationales (1791, 3 p.).

Forêts domaniales. — Mission de Le Roy, ingénieur et constructeur de la Marine, chargé d'exploiter 50 « courbes » (fév. 1792, 3 p.). — Demande par les habitants de Jœuf des arbres de lisières de leurs bois pour leurs dépenses (1799) ; circulaire du département aux municipalités pour la conservation des bois communaux (Metz, 13 juin 1792). — Vente du quart de réserve (3 janv. 1792) de la communauté de Bonvillers (6 p.).

Poids et mesures. — Circulaires (1790-1791 ; 3 p.).

2e Liasse. Série R. 452 : Licenciement du Régiment du Roi d'Infanterie à Ste-Menéhould, Clermont, Varenne et Stenay (15 fév. 1791). — Décorations militaires : croix de St-Louis, circulaires (16 mai 1792). — Engagement des officiers étrangers (nov. 1792 ; 4 p.).

Faits de guerre. — Arrestations de 4 Autrichiens par les habitants de Conflans (18 oct. 1792, 2 p.). Lettre du district de Longwy et du général Grangeret, commandant en chef la place, à celui de Briey (14 mess. an II) pour demander que le district de Briey vienne à son secours, contre les Autrichiens pour protéger les récoltes, comme a fait le district d'Etain (an II. 4 p.).

Recrutement. -- Décret (1792, 2 p.) — Volontaires nationaux : formation de 31 nouveaux bataillons, lettre du Département au district (6 juin 1792); arrêté du département (30 mai 1792); 1er Bataillon de la Moselle levé à Bitche, Sarreguemines, St. Avold et Morhange, alors à Givet à cette date ; le 2e formé à Metz, lors à Sedan; le 3e assemblé à Metz est à Thionville ; le 4e formé des districts de Thionville, Briey, Longwy est assemblé à Dun et environs (2 p.). Formation des bataillons de volontaires. Compagnie Molitor (juin 1792 ; 2 p.) ; — frais de rassemblement, transport de fusils (10 nov. 1791; 1 p.). — Inscription des citoyens volontaires (25 juillet 1792), commune de Mouaville (1 p.). — Enrôlement de 5 hommes seulement pour service dans les volontaires nationaux du 4e Bataillon (juillet 1792); le complément des bataillons n'a pas de succès (3 p.). Bataillon de Piquiers, formation (oct. 1792,

1 p). Garde Nationale, organisation en compagnie, bataillon et légions (mars 1792; 2 p.). Gendarmerie Nationale, formation (1 p). Levée des chevaux pour la cavalerie, frimaire an II (7 p.).

Discipline.— Volontaires déserteurs du 4e Bataillon; lettre du district, Ils devront rejoindre à Hargarten, canton de Bérus, district de Sarrelouis (22 déc. 1792, 4 p.).

Subsistances militaires — Communautés en retard pour verser au magasin de Metz (déc. 1790; 1 p.). — Approvisionnement de denrées pour l'armée, centralisation au magasin de Metz (1792 ; 1 p.). — Fours de munitions : lettre de Jaunez, chef aux constructions des subsistances à Metz, demandant à l'armée de la Moselle 6 fours de munition à Longwy et réquisitionnant d'envoyer à Longwy, au couvent des Carmes de la ville basse, au citoyen Thiébault employé pour la construction des fours, des maçons, des charpentiers et du bois (floreal, mess. an II; 4 p). — Subsistances des troupes en marche; lettre du Duportail (sept. 1791 ; 2 p.).

Étapes et convois. — Circulaires, correspondance (1792; 4 p.). Logement des troupes en marche entre Metz et Verdun, à Mars-La-Tour et La Bauville; cette dernière étant très pauvre, Hannonville remplacera (1791; p.). — Transports et convois ; Loi du 18 germinal an II, levée extraordinaire de chevaux pour le service des transports, chevaux en réquisition (3 p.). — Plainte contre deux préposés aux transports (1793 ; 4 p.). — Cultivateurs réquisitionnés pour conduire dans les camps des trains de caissons; frais de payement (25 mai 1792; 1 p.). Convois de Metz à Sarrelouis pour 20 voitures de fourrages (7 nov. 1792; 1 p.). — Pertes de chevaux et voitures à la guerre ; réclamations d'habitants du district de Briey réglées par le commissaire liquidateur de la commission des transports (20 prairial an IV); réclamation des habitants de Bronvaux, Thumeréville, Saint-Ail, Amblemont, Roncourt, Mouaville, La Ville-au-Pré.

3e classe. Série R. (suite). 453 : *Habillement* — Offrande de la commune de Briey, 35 paires de guêtres, 22 paires de culottes, 19 vestes destinées à l'armée de Custine et au 4e Bataillon de la Moselle (10 mai 1793; 1 p.). — Habillement : réquisition des laines et fils, dentelles et chanvres en vertu de l'arrêté du 3 frimaire an II ; déclarations faites par les marchands des quantités existant en boutiques (34 p.). Souliers : adjudications des fournitures au 3e Bataillon du Puy-de-Dôme, qui est en subsistance au 4e Bataillon de la Moselle (20 p.). Versement d'effets d'habillement et de petit équipement pour l'armée aux magasins de Metz (an III) ; expertise des objets (6 p.).

Armement. — Distribution par ordre de l'Assemblée de 300 fusils au district de Briey et de munitions pour être remis aux municipalités frontières en cas d'urgence seulement (juillet 1791.) — Piques, fabrication (30 oct. 1792 ; 1 p.). — Lettre de Verrières, général de brigade, commandant l'artillerie de l'armée pour la recherche des armes, baionnettes, baguettes etc. (Sarrelibre. 12 floréal an II; 1 p.). — Poudres et salpêtres; fabrication et vente ; commerce et moyen de défense (1792 ; 1 p.). Lettre de la Commission des Armes et poudres relative à l'affouage des forges de Moyeuvre et d'Hayange (ventose an III ; location des forges de Dietrich père, à Rothau, Reichshofen, Niederbronn, Jaegerthal, Zinnsweiler (vend. an III, 3 p.).

Fortifications. — Lettre de Gouvion (Metz, 13 fructidor an II) officier du génie à Metz réquisitionnant des transports pour les fortifications et hôpitaux de Metz (an II; 5 p.). — Fortifications de Longwy ; correspondance de Chasseloup-Laubat, chef du génie à Longwy (floréal therm. an II), puis de Ardant son successeur (vendem. an III) : relevé des ouvriers, voitures pour le travail des fortifications ; — correspondance des représentants du peuple près des armées du Rhin et de la Moselle, Duquesnoy, Gillet et J. B. Lacoste (17. flor. an II), de l'adjoint du génie à Longwy, Ludot : on tâchera de réquisitionner sans nuire aux travaux de la campagne (17 p).

Comptabilité. — Payement des troupes en assignats (3 oct. 1792); payements faits pour le recrutement et l'habillement des troupes (nivose an II). — Pertes subies à la guerre ; indemnités, commissaires nommés pour aller recueillir dans les municipalités les renseignements (27 oct. 1792; 4 p.). — Secours aux parents des défenseurs de la Patrie (1792; 1 p.). — Invalides, circulaires (1792 ; 6 p.).

Marine. — Munitions. La citoyenne Wendel, propriétaire des forges d'Hayange doit fournir pour la marine 1957 bombes de 12 pouces et 100.000 petites balles embarquées sur la Moselle à Uckange pour être transportées à Metz ; charrois à faire (13 déc. 1792; 2 p). Rappel des marins et défense aux gens des classes de s'engager dans les volontaires (juin 1792; 1 p.).

4e LIASSE. — *Routes.* — SÉRIE S : 454 : Péages des routes provisoirement conservés ; transmission d'une lettre du comité d'agriculture (16 mai 1791 ; 2 p.). — Dégradation aux routes; préjudices pour la circulation des denrées et les transactions commerciales ; route de Flandre par Conflans, Jarny ; Paris à Strasbourg, par Metz (1792 ; 3 p.).

SÉRIE T. — Plan général d'éducation publique ; collèges, circulaires du comité d'Instruction publique (27 déc. 1791 ; 2 p.). — ***Bibliothèques*** des maisons religieuses supprimées : St. Pierremont. — Livres et Manuscrits, circulaires, instructions du comité d'administration (1791-1792 ; 4 p.). *Imprimerie* du district : pétition de Bouvier, imprimeur à Nancy, tendant à l'établissement d'une imprimerie à Briey pour le service de l'administration ; on demande à l'installer dans la maison de la ci-devant charité de Briey (25 vend. an III, 1 p.).

Série U. — Paiement des frais du tribunal et des juges de paix (1791 ; 4 p.) Indemnité à un juge du tribunal de district pour séjour à Metz pendant les 3 premiers mois de 1792 (1 p.). Paiement des témoins dans l'affaire des individus qui avaient pris les armes pendant le séjour de l'ennemi à Briey (1793; 1 p.). *Notaires* : circonscriptions (6 mars 1792; 1 p.).

Série V. *Personnel.* — Serments (janv. 1791) à la Constitution civile du clergé : état des curés et des vicaires du district de Briey qui ont prêté leur serment aux termes de la loi du 26 déc. 1790, de ceux qui l'ont prêté avec des restrictions qui rendent le serment inadmissible, enfin de ceux qui ne l'ont aucunement prêté : Collignon prêtre-vicaire de Boncourt, Etienne Fricot, vicaire d'Anoux, etc. (68 p.). Tableau des religieuses qui ont préféré la vie commune (20 personnes) ou la vie privée : Cordeliers de Briey, Pères Recollets de Longwy (1791, 7 p). Refus du curé de Briey de lire et d'afficher l'instruction de l'Assemblée Nationale sur la constitution civile du clergé (10 mars 1791 ; 1 p.). Refus du vicaire de Friauville de lire la lettre pastorale de l'Evêque adressée par le Département de la Moselle (28 août 1791), son remplacement par le curé de Jarny est accordé (3 p.). — Lettres de François, curé de Sancy, élu à la cure de Saint Epvre à Nancy (1 août 1791) et de la municipalité de Nancy demandant qu'on élise à sa place Claudin curé de Joeuf (sept. 1791 ; 3 p.). Lettre adressés à Oudin, procureur syndic du Briey, par l'abbé Mainbournel, ci-devant cordelier qui avait renoncé à la cure de Trieux et réclamait son exeat (juin 1791; 1 p.), Elections aux cures : liste des paroisses conservées du district de Briey (1792; 2 p.).

Traitements. — Augmentation de traitement pour Viart, curé de Boussange (sept. 1792, 1 p.). — François-Xavier Fouquet, prêtre ci-devant chanoine régulier de Saint-Pierremont, actuellement aux eaux de Plombières, demande à être payé dans un district du département des Vosges, le district de Briey étant investi (nov. 1792, 2 p.).

Pensions ecclésiastiques. — Pétition de sœur Françoise Collignon, religieuse de Justemont, pour avoir un secours (1791, 1 p.). — Demande de pension par le département de la Corse, pour Davillé, chanoine régulier de Saint-Pierremont (sept. 1791, 2 p.). — Payement du trimestre de juillet 1792. Tableau avec les noms des pensionnaires, lieu de résidence, population de la paroisse, curés, vicaires, curés non conformistes, chapelains bénéficiers, religieux mendiants, etc. (1 p.). — Payements des traitements (sept. 1792, 4 p.). — État à dresser des pensions pour 1793 (déc. — 1792, 3 p.). Certificat délivré au curé de Malavillers, apoplectique (1793, 1 p.). — États des secours et pensions ecclésiastiques (1792 an III, 38 p.). — Liste des ex-curés du district avec leur âge (1 p.).

5ᵉ Liasse. — Série V (suite). — 455 : *Fabriques*. — Biens de la fabrique d'Avril, actif; lettre de Rogues curé, desservant actuellement Saint-Pierremont (1 nov. 1790, 1 p.). — Créanciers des établissements ecclésiastiques, circulaire de Tarbé, ministre des contributions publiques (fév. 1792, 2 p.). — Réclamation d'Albert, curé de Jouaville et de Batilly, d'être payé de l'intérêt de 4 °/₀ du prix des biens des fondations qu'il dessert (déc. 1792). — Biens des fabriques : déclarations des biens fonciers, dons et legs, fondations; argenteries : Affléville, Allamont, Villers, Bettainvillers, Bronvaux, Conflans, Erzange, Fillières, Hannonville-au-Passage, Hayange, Jœuf, Jouaville, Knutange, Lommerange, Mairy, Malancourt et Montois, Neufchef, Nilvange, Penil et Meraumont, Pierrevillers, Rombas, Roncourt, Rosselange, Saint-Ail, Sainte-Marie-aux-Chênes, Saint-Privat, Trieux, Tucquegneux, Valdeloy, Viviers (1793 an III, 40 p.). — Compte de l'abbaye de Justemont (août 1791, 2 p.).

Série X : *Hôpitaux*. — Situation des hôpitaux, hospices et maisons de charité, circulaire des membres du comité des secours publics (1792). — Etat des revenus destinés à procurer des secours de différentes natures dans les districts (1792). — Commissaires liquidateurs des anciennes abbayes de Lorraine; fondation établie par le roi de Pologne pour 24 orphelins à l'hôpital Saint-Julien de Nancy (1792). — Hôpitaux et maisons de charité, changements à effectuer (2 oct. 1792, 1 p.). — Subsistances pour hôpitaux; versements des grains, orges, etc. (germinal-floréal an III).

Enfants trouvés. — Paiement des nourrices (juin 1792).

Mendicité. — Ateliers de charité, secours de 30,000 livres destinés à être répartis entre les districts (janv. 1791, 2 p.). — Circulaire du comité pour la destruction de la mendicité, tableau des établissements et des revenus (26 janv. 1791, 1 p.). — Dépôt de mendicité, transformation à cet effet de la maison de Justemont (1791, 1 p.). — Mendiants et artisans renvoyés de Paris avec des passeports; secours en route; ettres des commissaires de la Trésorerie nationale (1791, 2 p.).

Série Y : Prisons et maisons d'arrêt; payement des frais de nourriture des suspects; instructions du comité des secours publics (1791-1792, 3 p.).

II. L. District de Longwy. — Série K. — Nos 481 à 513.

481. Délibérations du Directoire (15 sept.-17 déc. 1790). — No. 1 à 110. — 65 feuillets. — 1 reg.

482. *Idem* (18 déc. 1790. — 16 avril 1791). — No. 111 à 452. — 1 reg.

483. — (17 avril. — 3 août 1791) No. 453 à 777. — 1 reg.

484. — (4 août 1791. — 22 janvier 1792). — 1 reg.

485. — (26 janvier. — 11 juin 1792). — 1 reg.

486. — (10 juin. — 29 déc. 1792). — 1 reg.

487. — (2 janvier. — 27 mai 1793). — 1 reg.

488. — (25 mai. — 5 nov. 1793). — 1 reg.

489. — (5 nov. 1793. — 6 ventôse, an II). — 1 reg.

490. — (7 ventôse — 2 prairial, an II). — 1 reg.

491. — (15 prairial, an II. — 18 ventôse, an III). — 1 reg.

492. — (19 ventôse. — 28 floréal, an III). — 1 reg.

493. — (29 floréal. — 7 thermidor, an III). — 1 reg.

494. — (8 thermidor, an III. — 28 vend., an IV). — 1 reg.

495. — (29 vend., an IV. — 29 brum., an IV). — 1 reg.

496. Conseil général du district. (18 janvier 1793. — 19 messidor, an III). — 1 reg.

497. Délibérations relatives aux Émigrés (6 sept. 1793-16 brumaire, an III). — 1 reg.

498. Délibérations relatives aux Biens Nationaux, 14 brum., an III. — 25 brum., an IV. — 1 reg.

499. Délibérations relatives aux Émigrés, 16 brum., an III. — 16 vendém., an IV. — 1 reg.

500 Délibérations du Directoire relatives aux réductions et décharges des Contributions foncière et mobilière (20 juin 1793-15 brum. an IV). — 1 reg.

501. Correspondance envoyée par le District (1er avril 1792. — 7 ventôse, an IV). — 1 reg.

502. Correspondance envoyée et reçue (22 messidor, an II. — 20 frim., an IV). — 1 reg.

503. Correspondance envoyée aux municipalités (24 juillet 1790. — 25 nov. 1791). — 1 reg.

504. Correspondance envoyée aux municipalités (29 mai 1791. — 19 germinal, an II). — 1 reg.

505. Correspondance envoyée aux municipalités (23 germinal, an II. — 5 ventôse, an IV). — 1 reg.

506. Correspondance reçue par le district (affaires militaires et subsistances, commissions et agences (3 messidor, an II. — 30 vendémiaire, an. IV.) — 1 reg.

507. Arrêtés du Directoire relatifs aux réquisitions de chevaux, voitures et ouvriers pour l'armée (25 ventôse, an II. — 27 prairial, an III). — 1 reg.

508. *Idem* : (29 floréal, an III, 15 brum. an IV). — 1 reg.

509, — Arrêtés du Directoire relatifs aux appointements des commis du bureau des Émigrés, des experts pour la division des domaines, fournitures, frais de vente, gardes de bois.... (an II. — 25 vend., an IV). — 1 reg.

510. — Correspondance envoyée par le procureur syndic du district (24 juillet 1790. – 30 mars 1791). — 1 reg.

511. — Correspondance envoyée par le procureur syndic du district. — (4 janvier 1793. — 1 prairial, an II). — 1 reg. et à partir de nivôse, an II par l'*agent* national du district.

512. — Correspondance envoyée par l'agent national du district (12 nivôse, an II. — 1 brum., an IV). — 1 reg.

513. — Déclarations de résidence des religieux (8 janvier 1791. — 18 vend. an IV). — 1 reg.

514. Série M. — *Événements politiques :* Arrestation du Roi à Varennes; avis du directoire du district de Verdun (22 juin 1791), 400 hommes vont à Varennes, 200 gardes nationaux, 150 dragons et 50 mineurs; lettre de la municipalité d'Étain : le Roi était déguisé en femme; destitution de Heymann et Bouillé de la ville de Metz; organisation de la place de Metz, désordres, copies des lettres de Heymann à Bouillé (22 juin); lettre des Amis de la constitution de Metz (24 juin); arrêté du district de Thionville (23 juin) (juin 1791; 15 p). — *Fêtes publiques :* Fêtes de la Fédération à Paris (1790-1792) : circulaire du Pacte fédératif; émeute prévue à Paris pour la fête de la Fédération (14 juillet 1792). — Calendrier républicain, circulaires (6 brum., an II); — Exemplaires en placards d'un arrêté du département du 28 pluviôse an III sur la proclamation du Représentant du peuple Mazade qui établit les vertus sociales (14 germinal an III) (9 p).

Sûreté Générale. — Passeports, circulaire du Ministre de l'Intérieur pour en exiger la présentation (juillet 1793). Violation du territoire du comté de La Tour par des habitants de Tellancourt (29 sept. 1790). — Sociétés politiques : circulaire de l'Administration centrale (an III). Troubles à Longwy chez un aubergiste qui aurait outragé le représentant du peuple Cussey; déposition d'un volontaire du 2e Bataillon du Loiret (8 brumaire, an II; 5 p). — Suspects, circulaires (an II; 2 p.). — Dossiers de suspects classés par communes : dénonciation contre le curé et le procureur de la commune d'Allondrelle (an II); enquête du comité de surveillance d'Aumetz sur les suspects (juin 1793); enquêtes sur les administrateurs du district de Longwy, suspects : Hugo, Jean

Hubert, Jean Jean, Louis, Lhote; le secrétaire en chef Nicolas Richard, le receveur Toussaint, le président de la société populaire Courtois; — des habitants de Petit-Failly; — d'autres de Russange, accusés d'être allés dans les villages ennemis lors de l'incendie de la commune de Tiercelet (an II); — sur les suspects de Saint-Jean; de Tiercelet (1793); de Villers-la-Montagne (an II; 41 p.). — Dossiers individuels : Catherine et Marie Anus du pays luxembourgeois, arrêtées sans passeport (an II); — Bernard Beaudeux (an II); — Bertin dit Romain de Bertrameix (an II). — Charles Chatel, renseignements donnés par la municipalité de la Ferté sous Jouarre (21 vend. an II); J. B. Collin, curé de Mont (juin 1793). — J. B. Daubré (1791); — Degouge, capitaine au 8e Régiment d'infanterie (mars-avril 1793); Deslinotte (1792); — Deshayes fils, incarcéré à Longwy (1792); — F. Desoye (1792); — d'Egremont, détenu à Longwy (an III); — L. François, curé de Mercy le Haut; — Médard Thiéry, dit Franqueville sous inspecteur des subsistances militaires (an II); — Gaston, frère du député de l'Ariège (1792); — Guldener de Montigny-sur-Chiers (an II). — Henrion, de Fermont (mai 1793); — Henry, prêtre détenu à Longwy (1792); — Lamorre, premier président de la chambre des comptes de Bar (1791); — Legendre, cantinier au camp de Fontoy (1793); — Lemoine expulsé du Luxembourg (an III); — Leo, curé d'Aumetz (avril 1792); — Jean Liénard, arpenteur et greffier de Longuyon (an II); — Miscault, lettre (1791); — Munier, curé de Higny (1792); — Outhenin, aristocrate (an II); — Nicolas Perrin, de Fontoy (prairial, an II); — Phaipter (mai 1793); — Jean Schmidt, maréchal ferrant à Aumetz (1793). — Élisabeth Simon (an II) 54 pièces.

515. *Sûreté générale.* — Suspects (suite). — Dossiers collectifs : interrogatoires de Chauffeur, curé à Petit-Failly, Villez, curé d'Ugny, Picard, curé de Xivry-le-Franc, Jolivet, servante du curé de Beuveille (1793); interrogatoire de deux vivandières à Longwy (an II); — dossiers de Collin et Picard, curé de Xivry; — signalement de 15 suspects de Lyon (an II); arrestation à Juvigny (district de Montmédy) de deux suspects (1791); poursuites contre Masson dit La Flamme, soldat, Jean Leclerc, caporal, Michel Burdel, soldat au 8e Régiment d'infanterie qui ont tenu des propos incendiaires (mai 1793); — contre les Storhaye et Davesnes (sept. 1793); signalement du départ pour Bruxelles d'un personnage important (1792); signalement de suspects étrangers au département (1793-an II; 37 pièces). — Prêtres déportés; signification de la loi aux curés (an II). — Liste des prêtres déportés : George, curé de Lagranville, Guyon curé de Beuveille, Blanchetète, curé de Ugny, Gilles, curé de Petit Failly, Chaufeste, chapelain du même lieu, François, curé de Preutin, François, curé de Villerupt, Petit, curé de Fillières, Blanchetète, curé de Beudeille, Bernard, curé de Longwy, Picard

curé de Xivry, Villers curé d'Ugny, Collin, curé de Landres, Salzguebre, curé de Serrouville (1792; 18 p.). — Emblêmes séditieux : empreintes des fleurs de lys sur les papiers, circulaires (an III; 7 p.). Ordre de brûler tous les titres nobiliaires existant à la bibliothèque (1792; 1 p.).

Administration générale. — Circulaire des comités et des Ministres, organisation des bureaux. Lettre du Ministre de l'Intérieur (15 pluviôse, an II) (7 p.). Impressions : circulaire du Directeur de l'Imprimerie des Impressions nationales (an II, 5 p.).

Circonscriptions territoriales. — Liste des communes du canton de Longwy (1 p.). — Transfert du canton de Longwy à Longuyon, délibérations des communes pour en discuter l'avantage (1790, 6 p.).

Etat civil. — Circulaires (an III). — Extrait d'acte mortuaire (1792). — Demande de l'acte de naissance de Dolhin né en 1745, capitaine au 2e Bataillon de la division du général Marceau (an IV, 4 p.).

Police. — Signalements de faux monnayeurs, voleurs et criminels de départements étrangers (1792-an III, 12 p.). Lettre du ministre de la justice pour signaler l'escroquerie au Trésor caché, à Bicêtre (1793, 3 p.).

Hygiène et médecine. — Epidémie en Luxembourg, défense aux Français de communiquer avec ce pays (mai 1793, 1 p.). Ordres d'enfouir les chevaux morts laissés par les troupes le long des routes (1792, an III; 4 p.).

Agriculture. — Obligation d'engranger les récoltes (an II, 1 p.). « Instructions sur les soins à donner aux chevaux », imprimé à Paris (an III, 1 p.).

Subsistances. — Recensement des grains (1793). — Mercuriale du marché de Thionville (8 floréal, an III) : le quintal de farine vaut 240 l., de froment 292, de fèves 110 (3 p.).

Commerce. — Loi du maximum (arrêté du département (4 thermidor an III) qui maintient valables les marchés conclus avant la loi. Liquidation des communautés d'arts et métiers supprimées (1791-1792). — Projets d'exportations de grains par le district de Longwy; lettre du district de Sedan (11 nov. 1790, 4 p.).

Industrie. — Brevet d'invention pour le minium, Olivier, manufacturier à Paris (1793, 2 p.).

516. Série N. — *Personnel financier* : Nomination du sieur Fontaine, payeur général du département de la Moselle (janv. 1792). — Receveurs du district, instructions, circulaires (1790 an III, 7 p.). — Nomination de Charles Nicolas, négociant à Longwy, son cautionnement (déc. 1790), gestion (1791-1792, 17 p.). — De Claude, cautionnement (1793, 9 p.). — Négligence du receveur (an III, 1 p.).

Comptabilité. — Pièces de dépenses pour le personnel et le matériel (1790-an IV) aperçu des frais annuels du service du Directoire (1791); correspondance pour les mandats à payer; instructions diverses; délibération du département, vœu relatif aux traitements des secrétaires et employés de l'administration (messidor an III, 61 p.). — Compte spécial de Vossel, garde magasin des fourrages et caissier des transports des fourrages (an III, 4 p.). — Comptes du comité révolutionnaire du District, frais de bureaux, traitement des membres; 4915 l. payées aux membres, du 7 fructidor an II, au 3 frimaire an III, à raison de 460 l, par tête; — compte rendu par Moreau, membre (an III, 5 p.). — Prospectus de Lamort, imprimeur de Metz, offrant la collection des lois (brum, an III. 1 p.).

517. *Compte administratif du district* (an II, an IV) : frais d'administration, traitement des administrateurs du Directoire du District; salaire des instituteurs en exécution de la loi du 27 brumaire an III; secours aux ex-ministres du culte et religieux; secours aux parents des défenseurs de la Patrie; pensions aux veuves et orphelins des défenseurs de la Patrie; habillement des troupes; dépenses pour l'extraction du salpêtre; établissement de la bibliothèque du district, formation du catalogue des livres, inventaires; travaux publics, payement de chevaux levés en vertu de la loi de brumaire an II; frais de transports de différents objets; primes accordées pour la destruction des loups; pertes causées par l'invasion de l'ennemi; fournitures faites pour le bureau des Domaines Nationaux (18 pièces). — Compte de gestion de l'an II (1 p.). — Compte administratif de gestion et mémoires sur toutes les opérations (arrêté en l'an IV). Compte de gestion du receveur Nicolas (an III, 13 p.).

518 O. — Bois appartenant aux communes, visites, autorisations de ventes par arrêté du conseil exécutif provisoire pour en employer le prix à l'acquit des dettes communales : communes d'Aumetz, Godbrange, Longwy, Macquenom, Montigny, Bonvillers, Fillières, Fontoy, Menil (1792-an II; 18 p.).

519 P. — *Dettes de l'Etat.* — Consolidation, instructions (1792-an III; 13 p.). — Remboursement de créance au citoyen Bailleux (1793; 1 p.).

Don gratuit du clergé de 1789; ordonnances de compensation pour la remise du dernier semestre restant dû sur demandes des chanoines de Nancy et de St.-Pierremont (1790; 30 p.). — *Caisse des Assignats :* conversion, échanges, instructions (an II, 5 p.). — *Contributions*, instructions (1793, 1 p.). — *Dons patriotiques*; compte en recette et dépenses rendues par Jacques Soldé, commissaire établi par arrêté du district de Longwy (9 frimaire an II) des dons patriotiques tant en souliers, chemises, sommes en assignats et numéraires versés entre ses mains par les communes du district (an II). — Quittances des dons d'effets; instructions (1793-an III). Don patriotique de la ville de Metz pour les marins (an III) 15 p). — *Forêts domaniales*. Arrêté du département conservant en fonctions l'ancienne maîtrise des Eaux et Forêts (1791); — administrateurs provisoires des anciennes maîtrises d'Etain et Sedan (an III). — Plainte des gardes forestiers d'Etain non soldés (an III). — Etat général des forêts situées dans le district de Longwy et faisant partie du siège des Eaux et forêts d'Etain. — Délits forestiers; — autorisations de pâturage dans les forêts domaniales (an III); — Coupes de bois dans le siège d'Etain, instructions (an II-an III, 27 p.).

Postes. — Ouverture des lettres (an III, 4 pièces).

520 R. — *Evénements militaires*. — Casus belli : violation de la correspondance des officiers du régiment de Saxe en garnison à Thionville; lettre à ce sujet de Pontet, procureur général du département ordonnant une enquête (6 septembre 1790; 1 p.). — Lettre du district de Verdun à celui de Longwy (27 juin 1791) signalant que quelques jeunes étourdis de ce dernier district se disposent à envahir le territoire de l'Empire sous prétexte d'enlever le sieur Bouillé, cette imprudence aurait des suites funestes (1 p.). — Reddition de la place de Longuyon : délibération du conseil général de la commune défendant toute résistance à l'ennemi et, pour éviter des actes de témérité de la part de gens pris de boisson défendant aux cabaretiers de donner à boire. Ordres signés de Weltzien, lieutenant du régiment d'Eben-Hussards : injonction aux habitants de Longuyon de remettre tous leurs sabres et fusils, assurance eur est donnée de la part de S. M. prussienne, qu'il ne leur sera fait aucun mal (22 août 1792). — Décret de la Convention (12 avril 1793) ordonnant la mise en liberté des membres de la municipalité de Longuyon, mais leur interdisant toute fonction publique pendant la durée de la guerre; dépêche du Ministre de la justice (17 avril 1793) exécutant ce décret, mise en liberté des officiers municipaux, arrestation immédiate des gendarmes nationaux et de leur commandant en fonctions lors de l'investissement de Longuyon et qui ont continué après leur service (8 p.). Ordre du brigadier général, chef de l'État-major de l'armée de la Moselle (27 mars 1793) d'arrêter tous ceux qui viendraient de territoire ennemi (1 p.). Signalement de l'arrivée à Lille d'un espion, fils du maître des postes d'Ypres qui a pour mission de surprendre les secrets de la frontière (29 juillet 1791); — interrogatoire de Jean-Joseph Thiéry, avocat et médecin de la province de Luxembourg, inculpé d'espionnage (15 juin 1793); — signalement de

deux espions envoyés de Danemark en France (18 juillet 1793). (3 p). — Défense de la frontière : lettres des districts de Montmédy (15 décembre 1790); Sarrelouis (15 juillet 1793) affaire Bouillé ; Vervins (20 juillet 1791), Thionville, Stenay, Clermont, Étain, Verdun (1790-1793; 14 p.). — Reddition de la place de Longwy; rapport détaillé sur cette opération, fruit des manœuvres et de la trahison des agents militaires, chargés de la défendre (s. d.); décret de la convention (30 octobre 1792) suspendant celui qui ordonnait la démolition des maisons de Longwy; expulsion de Longwy en état de siège, de certaines personnes, par ordre de Hentz et Delaporte (16 mars 1793); — ordres de service (1791 — an II) pour l'état de siège ; ordre à observer dans les cas d'alerte ; — réquisition de bois pour les palissades (7 juillet 1792); achat de bois (29 janv. 1793); ordre de couper les chemins aboutissant à la ville (18 mars 1793); décret de la Convention (28 mars 1793); les habitants de Longwy n'ont pas démérité de la Patrie, les décrets des 7 et 14 septembre précédents sont rapportés, les membres du directoire du district et de la municipalité sont déclarés inéligibles ; sont décrétés d'accusation : MM. Lavergne, commandant de Longwy lors de la reddition ; Lhote le jeune, Hugo Jean-Jean administrateurs; Bernard, procureur syndic; Nicolas, receveur; Colin, procureur; Guillemard, maire; Jacqueminot, officier municipal; Hermant fils, procureur de la commune ; Léonard, notable; Courselle, ancien substitut (15 pièces). — Dénonciation (août 1793) contre Tugnot, commandant de la place de Longwy, qui néglige les approvisionnements de la ville (4 p.). Dénonciation contre Barthélemy Gérard, lieutenant de la compagnie franche de Chinon (mai 1793) qui a fait battre des soldats à coups de bâton (2 p.). Plainte (octobre 1793) contre Chevraux, directeur de l'hôpital militaire, qui a refusé de recevoir les chirurgiens des départements voisins s'offrant pour soigner les blessés, et contre Beauchesne, commissaire des guerres (2 p.). — Justification de Bel, lieutenant au 2e Bataillon du Lot (4 vent. an II, 1 p.). Défense du général Bournonville (1793). — Lettre (9 sept. 1793) de Dupin, adjoint du ministre de la guerre à la Société populaire de Longwy demandant des renseignements sur le capitaine Chasseloup ; lettres de Chasseloup, ingénieur en chef, chef du génie à Longwy; dénoncé et arrêté comme mauvais patriote (Brumaire-frim. an II ; 3 p.). Lettre du conseil d'administration de la 181e demi brigade accompagnant l'envoi de ses archives (1 p.).

521. *Recrutement.* — Instructions pour les dépenses relatives au recrutement (23 vend. an II ; 1 p.). Convocation (imprimée) du district de Longwy pour le recrutement de l'armée de ligne (20 fev. 1792,

1 p.). Établissement d'une armée révolutionnaire (an II). Garde Nationale, levée de gardes nationales pour remplacer dans les garnisons les bataillons appelés à renforcer l'armée du Nord (19 août 1793). — Permission d'employer momentanément les soldats de la première réquisition aux travaux de la culture (1791, an II; 8 p.).

Discipline. — Déserteurs. Élargissement de Paquin, condamné le 10 août 1786 à 10 ans et 8 mois de chaîne pour désertion (1 p.); les volontaires des bataillons devront se munir de permission pour quitter leur garnison (1 janv. 1792); — lettre des représentants du peuple Gillet et Duquesnoy au sujet des soldats de la première réquisition du district de Longwy incorporés dans le 1er Bataillon de la Montagne et qui désertent journellement (21 floréal, an II). — Instructions sur les déserteurs (8 p.). — Questionnaire et correspondance sur les déserteurs étrangers qui viennent s'enrôler en France (1792-an IV, 15 p.). — Militaires absents de leurs corps; ordres de faire rejoindre (an II, an III). 1er Bataillon des Ardennes, 1re 1/2 Brigade d'Infanterie, 3e Bataillon de la Moselle (11 p.). — Ordre de l'adjoint de la IVe Division de la guerre (12 sept. 1793) donné à tout militaire en activité de service de sortir de Paris et retourner à son poste dans les 24 heures sous peine de destitution (1 p.). — Prisonniers de guerre, correspondance, instructions ministérielles; surveillance dont ils doivent être l'objet; lieux de rassemblement (ans II-III; 9 p.). — Lettre du département des Ardennes (29 juin 1791) sur le gendarme Berteche arrêté par erreur à Metz comme suspect d'espionnage (1 p.). — Excès commis par les régiments en garnison à Nancy (1790).

Subsistances militaires. — Circulaires, instructions, lettres ministérielles (1793, an III; 3 p.). — Réquisition de boulangers dans la ville (25 floréal, an II; 1 p.). — Arrestation de La Jeunesse-Fribourg, juif, fournisseur de la boucherie de la colonne gauche de l'armée de la Moselle qui volait sur les poids; interrogatoire par la municipalité de Longwy (5 ventôse, an II; 2 p.). — Vérification des papiers et de la caisse du garde. — Magasin des fourrages de la place (frim., an. II; 2 p.). — Arrestation de Trote, garde-magasin des vivres à Longwy (an II), 5 p.

522. *Armement.* — Lettre des administrateurs du district au sujet des 464 piques qui leur sont accordées dans la répartition des 5,080 affectées au Département (août 1793, 1 p.). — Lettre du ministre de la guerre : Suppression de la fabrication des grandes piques remplacées par l'ancien modèle (août 1793, 1 p.). — Défense d'user de la poudre dans les cérémonies funèbres (juillet 1793, 1 p.).

Habillement. — Confection de boutons, prospectus de Josse, fabricant à Paris (nivôse an III); — demande d'effets par Tugnot, chef de bri-

BIBLIOTHÈQUE NATIONALE R.F. IMPRIMÉS

gade (mess. an III) ; — dénonciation d'un individu habitant la maison de Bellevue qui vendait clandestinement des souliers (fruct. an II, 1 p.).

Étapes et convois. — Instructions; — État général des sommes dues aux voituriers et conducteurs des subsistances à l'armée de la Moselle (1793, 10 p.). — Lettre d'Alexandre Courtois, accusateur militaire au point central de l'armée de la Moselle, contre un charretier de l'artillerie, déserteur (an II, 1 p.); — délibération du district (7 brumaire, an IV), envoyant des garnisaires dans les communes qui n'ont pas satisfait à la réquisition des vingt et une voitures qui leur ont été demandées (1 p.); — état des voitures fournies par Grandville (an III, 5 p.). — Levée des chevaux à raison du 25e cheval (17 vend. et 18 germinal an II) ; correspondance, mandats (23 p.). — Coupe des bois dans les forêts nationales (1792) pour l'approvisionnement du camp d'Errouville (1 p.).

Service de santé. — Réquisition de médecins, chirurgiens, apothicaires (septembre 1793, 1 p.). — Extraits mortuaires de soldats; Laurent, natif de Malmaison, grenadier au 1er bataillon des Ardennes (vend. an IV, 3 p.).

Comptabilité. — Pensions : certificat de civisme de Pauchonnet, ancien officier invalide, demeurant auparavant à Longuyon, maintenant dans le district de Gondrecourt (août 1793). — Demande de renseignements sur la citoyenne Claude, veuve de Jean-Baptiste Davesnes dit Petit Jean, ancien capitaine invalide, demeurant à Bréhain (7 frimaire an III); sur Pierre Martin, ancien vice-consul de Moscou, demeurant à Jopecourt, district de Longwy. Indemnités aux parents pauvres des défenseurs de la Patrie (pluv. an II, 8 p.) Indemnités payées pour pertes subies par faits de guerre. J. Thierry de Rehon, 300 fr. pour un charriot (an II, 1 p.).

Marins. — Rappel des marins employés, instructions (an III, 7 p.); — marins vagabonds (an VII, p.). — Mission de Leroi, ingénieur, pour visiter les bois utiles à la construction des navires (oct. 1791, 1 p.).

523 V. — *Personnel.* — Serment prêté par les curés d'Allondrelle et la Malmaison, Michel Courtois; Joseph Guyon, curé de Beuveille, avec discours qu'il aurait prononcé en chaire s'il n'en avait été empêché par la violence; rétractation de serment par Jean-François Nicolas, curé de Charancy (7 mars 1792) ; — serment prêté par J.-B. Martin, vicaire de Colmey (25 février 1791); — Chevillard, curé de Doncourt (20 février 1791); — Noirjean, curé d'Épiez (27 février 1791) ; — Hugo, curé de Fermont (25 février 1791) ; — Hugonel, curé de Flabeuville (18 février 1791); — Aubry, curé de Fresnois la Montagne (20 février 1791) ; — Laurent, curé de Grand-Failly, avec restriction (21 mars 1791) ; — Simon, curé

de Ham, avec restriction (avril 1701) ; — de Huart, curé de Longuyon, avec restriction (4 mars 1791); — François, curé de Montigny, serment pur et simple (20 février 1791) ; — de Nicolas Gilles, curé de Petit-Failly (1er mars 1791) ; — rétractation de serment par Ory, curé bénéficier de Saint-Nicolas à la Malmaison (9 mai 1791) ; — serment par Nicolas curé et maire d'Othe (20 février 1791); — par Etienne Istasse, vicaire de Petit Xivry (6 mars 1791); — Louis Bertrant, curé de Pierrepont (5 mars 1791); — par Gobert, vicaire de Tellancourt (20 février 1791) ; — rétractation par Villey, curé d'Ugny (5 juin 1791) après serment avec restriction prêté le 27 février 1791 ; — serment par Jacquy, curé de Vezin (20 janvier 1791); par Pierre Person, curé de Villers-le-Rond (27 février 1791); — serment par Wary, curé de Villette (25 février) et rétractation (28 mai 1791); — serment avec restriction par Pierrard, curé de Viviers (27 février 1791) ; — État général de tous les fonctionnaires publics ecclésiastiques qui ont prêté le serment, ceux qui l'ont refusé et ceux qui l'ont prêté avec restriction (1er avril 1791, 37 p.). — Déclaration des biens de la cure du Petit Xivry (février 1790, 1 p.). — Conflit de la municipalité avec Thomas, desservant de Domprix, qui refuse de desservir cette paroisse et de prêter serment (5 mars 1791, 4 p.). – Plainte du curé de Longuyon contre la municipalité; mémoire justificatif de la commune (28 octobre 1792, 1 p.). — Signalement d'Antoine Nicolas, ex-prêtre, caché dans la forêt de Remilly (7 frim. an III, 1 p). — État nominatif des curés et autres bénéficiers supprimés, remplacés ou démissionnaires, avec les noms des religieux et religieuses qui ont quitté leurs maisons et le traitement qui leur est accordé (1792). — État des paroisses établies dans le district de Longwy, avec les noms des curés et vicaires de ces paroisses et leur traitement (1792, 6 p.). — Liste des ecclésiastiques fixés dans le district (1791, 1 p.). — Exeat et certificats de résidence des curés et religieux pour toucher leur pension (1791-1793, 53 p.).

524. — *Traitements et pensions.* — Instructions et correspondance (1790, an III, 54 pièces). État des mandats délivrés aux ecclésiastiques, fonctionnaires et pensionnaires (1791, 3 p.). -- États approximatifs des sommes nécessaires pour les pensions (1791-1792, 11 p.).

Biens des fabriques. — La commune de Boismont réclame 4 0/0 des biens vendus appartenant à la fabrique afin de satisfaire aux charges de cet établissement (1792, p.). — Mêmes réclamations pour Fillières (1791, 1 p) et Preutin (décembre 1791, 2 p.).

525. — *Cures et chapelles.* — Lettre de Lemoine, curé de Longwy, remerciant de la nomination à cette cure et annonçant qu'il va prononcer à Thionville l'éloge de Mirabeau (1791, 1 p.). — Réclamation des titulaires de la chapelle castrale de Fontoy (1790, 7 p.).

Abbayes et couvents. — États du nombre des religieux et religieuses par maisons dans le district de Longwy, avec le nom des individus et leur pension (1791, 3 p.). — Procès-verbal (8 juin 1790) dressé dans le couvent des Récollets de Longwy, sur leur intention de sortir de leur couvent ou d'y rester (7 p.). — Actes de naissances fournis par les religieux en vue de leur pension (40 p.).

Temple de la raison. — Extrait des registres du Comité de Salut public ordonnant de substituer à l'inscription « Temple de la Raison » sur le frontispice des édifices publics celle de « Le peuple français reconnaît l'être suprême et l'immortalité de l'âme » (23 floréal an II, 1 p.).

Religion juive. — Lettre du district de Sarreguemines demandant l'extension à tout le département des règlements de Lorraine tombés en désuétude et visant les juifs « qui se font une étude de l'art de tromper » et ce pour les empêcher d'être admis au titre de citoyens actifs (1 p.).

526 U. — Dépenses administratives et judiciaires ; instructions et correspondances (1763, an III, 23 pièces).

Y. — *Prisons.* — Créations, organisations ; demande de situation sur les prisons et maisons d'arrêt ainsi que sur les individus qui y sont détenus; nourriture et entretien des détenus; instructions, correspondances (1790-an IV, 34 p.). — Rapports et délibérations du département (mai 1793) ordonnant, vu l'insuffisance des prisons de Metz, que les détenus seront renvoyés dans leurs districts pour y être jugés dans les vingt-quatre heures (1 p.).

III. — Actes et Correspondance des représentants du peuple.

Liasse 365. — Députés de la Convention aux armées du Rhin et des Vosges : réquisition en vue de l'approvisionnement des magasins militaires, aux fermiers des Émigrés, de l'ordre de Malthe et des princes étrangers possessionnés en France dans les départements du Bas et du Haut-Rhin, de la Moselle et des Vosges de livrer leur rendage, en grains, grenailles, paille et fourrages en nature dans les magasins militaires de la même manière qu'ils y étaient obligés envers les bailleurs (29 décembre 1792). — Représentants indéterminés. Lettre aux représentants de l'armée de la Moselle (27 mai 1793) au sujet du local cherché pour l'établissement du Comité central, du paiement des frais de transport des subsistances et des renseignements sur les chevaux d'émigrés. — Arrêté des Représentants du Peuple près les armées de la Moselle et du Rhin (6 août 1793) : réquisition de

1,200 hommes dans chacun des départements de la Meuse, de la Moselle, de la Meurthe, de l'Aube, de la Haute-Marne, des Vosges, du Haut et du Bas-Rhin ; extrait des arrêtés du Directoire du département de la Moselle, répartition par cantons. — Lettre du département aux Représentants (1er octobre 1793), subsistances en retard, il est indispensable d'envoyer un commissaire principal pour surveiller les opérations ; — des mêmes aux mêmes (21 octobre 1793) ; interprétation d'un arrêté de réquisition des avoines ; — aux mêmes : accusé de réception de leur arrêté du 5 Brumaire an II relatif « aux traîtres qui ont lâchement abandonné la cause de la liberté pour aller demander grâce ou protection au tyran prussien » ; — aux mêmes, pour expliquer leur conduite dans les visites domiciliaires chez les Juifs pour rechercher les effets d'habillement propres aux soldats (11 brumaire an II) ; — les administrateurs du Département permettent leur concours aux Représentants pour l'exécution des lois ; demandent si Lafond a le droit de prendre la qualité d'adjoint aux Représentants du Peuple près l'armée de la Moselle (14 octobre 1793) ; — demandent des exemplaires de l'arrêté des Représentants du Peuple relatif à l'Armée Révolutionnaire (22 octobre 1793) ; — Décret (8 frimaire an II) qui révoque le sursis, prononcé par un soi-disant adjoint aux Représentants du Peuple, d'un jugement rendu au profit de Nicolas Bader contre les officiers municipaux de Bouschbach. — Appel des commissaires délégués par les Représentants du Peuple (29 pluviose an II) pour la subsistance des défenseurs de la Patrie. — Installation des Représentants du Peuple à la ci-devant Intendance ; recensement des effets laissés à leur usage (an II-an IV) ; — Inventaire des arrêtés pris par les Représentants du Peuple (29 décembre 1792-13 messidor an II).

LIASSE 366. — Représentants du Peuple classés par ordre alphabétique.

Anthoine et *Levasseur*. Arrêté (7 avril 1793), après la trahison de Dumouriez, ordonnant que toutes les troupes et gardes nationales prêteront entre les mains des corps administratifs le serment de mourir plutôt que de reconnaître un Roi, un dictateur ou toute autorité quelconque, autre que celle du peuple français et de la Convention nationale ; — arrêté (28 avril 1793) ordonnant la recherche de tous les suspects ;

Bailli. Représentant du Peuple dans le département du Haut et Bas-Rhin, Mont Terrible, Jura et Vosges ; (23 nivose an III), défense de mettre en réquisition les voitures des rouliers et autres chargés de marchandises et denrées pour Strasbourg.

Bar. Représentant du Peuple dans les départements du Haut et du Bas-Rhin (16 nivose an III) demande de renseignements sur les vexations commises dans le district de Bitche par l'influence de Saint-Just et Lebas et de préciser les effets des manœuvres du sieur Lafond; — lettre adressée au département (17 germinal an V) annonçant que Bonaparte continue sa marche triomphale dans le Frioul et le Tyrol; il a mis en déroute l'armée autrichienne.

Baudot (Marc-Antoine). Représentant du Peuple près les armées du Rhin et de la Moselle : ordre de faire traduire à Autun Repoux, ancien officier de gendarmerie, employé dans les subsistances militaires arrêté par ordre des Représentants du Peuple (voir Lacoste).

Blaux (voir Delaporte).

Bourbotte. Arrêté ordonnant de procurer à Roger, chaudronnier, un emplacement commode pour y établir les ateliers nécessaires à la réparation des marmites des magasins militaires (11 thermidor an II); — renvoi (10 thermidor an II) de la pétition des communes du district de Briey ravagés par la grêle et tendant à obtenir des grains de semence, à la commission du commerce; autorisation donnée au Département (11 fructidor an II) de continuer l'emploi des objets saisis, comme l'avait autorisé Lacoste par son arrêté du 18 germinal précédent: approbation de la mesure des administrateurs du département qui ordonne l'ouverture des lettres et paquets à la poste. (1er jour sansculottide an II); ordre de mise en liberté de Frœlich, enlevé à Deux Ponts comme otage (4 vendémiaire an III); — la commission établie à Metz par Lacoste, informe Bourbotte (1er brumaire an III) qu'elle n'a rien trouvé dans les paquets qui puisse intéresser la chose publique.

Cavaignac et *Merlin.* Autorisation (8 pluviôse an III) à Gobert, chargé de l'approvisionnement de bois des hôpitaux, de requérir dans les magasins de réserve de siège de Metz, le bois qui lui est nécessaire; — ordre d'arrestation de Siebert de Weiskirch qui a refusé de fournir les réquisitions demandées; — lettre à l'agent national du district de Sarreguemines (27 germinal an III) relative aux réquisitions de voitures; — défense de laisser pâturer les bestiaux dans les prairies avant la récolte de foins (2 floréal an III).

Cusset. Décret de la Convention (2 juillet 1793) qui porte à 5 le nombre des Représentants du peuple près l'armée de la Moselle, Cusset est désigné comme 5e. Cusset approuve les mesures pour l'approvisionnement des magasins de la République (26 juillet 1793); — plainte contre Cusset (20 octobre 1793).

Delaporte et *Blaux.* Ordre au commissaire des guerres de reconnaître et passer en revue la 4e compagnie de canonniers qui vient de se former (6 février 1793); — confirmation des élections de Bouquenom (m. d.); — Delaporte, Hentz et Blaux : approvisionnement des hôpitaux de l'armée de Moselle (5 mars 1793).

Duquesnoy. Arrêté, qu'il sera imposé une somme de 4000 l. sur tous les habitants riches de Metz pour les punir de n'avoir pas concouru avec les sans-culottes à l'extinction de l'incendie des fours des munitionnaires (13 floréal an II); — ordre d'arrestation de tous les prêtres qui se trouvent dans les places de Metz, Longwy, Thionville, Sarrelibre, Bitche, et dans les communes de Sarreguemines, Boulay, Morhange, Briey, qui ne sont pas fonctionnaires publics; ils seront conduits à Verdun et enfermés dans la citadelle, en représailles des incendies fréquents et autres événements extraordinaires dans les places frontières, dont on n'a pu découvrir la cause (16 floréal an II). — Duquesnoy et Gillet : ordre d'arrêter (26 floréal an II) les personnes qui récèlent des soldats de la 1re réquisition.

Ehrmann et *Richaud*. Ordre d'arrestation d'Escoffier (16 août 1793); — convocation des administrateurs du Département (22 septembre 1793); — proclamation (2 septembre 1793) autorisant tous les citoyens non compris dans la 1re réquisition à se retirer dans leurs foyers; fixation des lieux de dépôt des réquisitions (16 octobre 1793); — réquisition des chevaux de luxe (26 vendémiaire an II); — réquisition pour la réparation des routes de Metz à Sarrebruck par Saint-Avold et de Saint-Avold à Sarreguemines (22 octobre 1793); — arrêté (5 brumaire an II) qui punit de mort tous ceux qui passent à l'ennemi soit pour implorer sa grâce ou sa protection ou des ménagements en cas d'invasion; — nominations (6 brumaire an II) de Christian Teutsch, juge de paix de Druling, et Henry Karcher, procureur de la commune de Bouquenom, pour continuer la perception des revenus dans le pays de Nassau. — Ordre au Département (10 brumaire an II) de mettre à la disposition du citoyen Darbous dans le district de Metz un moulin pour faire des épreuves de la mouture économique qu'il propose.

Liasse 366a. — *Faure* (*Ballazard*). Proclamation de Faure à son départ de Metz, où il a donné le mouvement qui doit assurer et accélérer l'exécution du décret du 17 ventôse an II et se rendre dans deux autres départements pour y donner la même impulsion (26 vendémiaire an II); — proclamation (4 brumaire an II) pour la levée extraordinaire de chevaux destinés au service de la cavalerie; — décret de la Convention (14 brumaire an II) investissant Faure, envoyé dans la Moselle pour la formation des corps de cavalerie de pouvoirs illimités, donnés aux Représentants du peuple près les armées et le chargeant spécialement d'épurer les autorités constituées; — envoie son arrêté du 16 brumaire; envoie, 24 brumaire an II, l'arrêté qu'il a pris pour la comptabilité; — levée de chevaux dans le district de Thionville (frimaire-nivôse an II); — lettre aux administrateurs du district de Metz, autorisation de suppléer à Bordé, procureur général syndic, pour la levée des chevaux (28 frimaire an II) des soufres, salpêtres, fer blanc, clous à ensaboter, et serges ouvrées ou non; — mesures pour entraver les efforts de la malveillance des prêtres (nivôse-pluviose an II); — envoi d'un arrêté concernant les émigrés (4 nivôse an II); — arrêté (8 nivôse an II) ordonnant célébration d'une grande fête à Bitche à l'occasion de la prise de Toulon; — autorisation de démolition d'une maison à Bitche pour donner plus d'air et plus de salubrité à l'hôpital (nivôse an II); — réquisition de chevaux dans le district de Bitche (9 nivôse an II); Bitche demande l'autorisation de placer des drapeaux tricolores aux deux extrémités du fort, à la maison commune et au perron du Temple de la Raison (10 nivôse an II); — agent national de Bitche demande autorisation de pourvoir à la subsistance des batteurs de grains (11 nivôse an II); — réquisition de voitures par Faure pour les travaux des routes (14 nivôse an II); — ordre d'envoyer au Tribunal révolutionnaire de Paris Bouté, vice-président du district de Sarreguemines, et sa femme, Comorel, ex-président et Philippe, commis, Bouchon de Sarreguemines, la femme Bosner, Vaulon, ex-huissier, Barth le jeune, tous de Sarreguemines, la femme Leybach de Sarralbe, la veuve Loevenstein, Revel, banquier à Strasbourg, Karr, libraire à Sarrebruck, Richard, administrateur du département de la Moselle, Bertrand, commissaire délégué par le district de Sarreguemines, tous prévenus de dilapidation de biens nationaux et de correspondance avec les aristocrates, les émigrés et les ennemis de la République (14 nivôse an II); — ordre d'envoi au même Tribunal (17 nivôse an II) de Mercier, juge de Bitche, qui a jugé Fennard, curé déporté, Laurent Desboudel, ex-capucin, et Valentin Lentz, curé, qui ne tombaient pas sous sa compétence, et ordre d'arrestation et d'envoi à Paris de Jurine, receveur des fermiers généraux des domaines de Lorraine, prévenu d'avoir dit d'un ton menaçant : « Je ne connais pas la République ». Régénération de l'administration du district de Bitche (21 nivôse an II); — ordre d'arrêter Laroche, inspecteur des subsistances militaires (21 nivôse an II); — ordre d'arrestation de Schoppard, ex-maire de Bitche et Mercier, juge de paix (22 nivôse an II); — de Schmidt et Henry, de Bitche (22 nivôse an II); — retrait de la nomination d'Olivier, agent national de Bitche, qui sera remplacé par J.-B. Dieudonné Hubert, curé de Saint-Croix-aux-Mines, qui a abjuré ses erreurs (25 nivôse an II); — arrêté (27 nivôse an II) (imprimé à Sarrelibre chez Jacques Leistenschneider) ordonnant l'enlèvement dans les trois jours de tous les signes du culte religieux.

Feraud. Arrêté relatif à la réquisition de 2000 voitures demandées pour l'armée de Mayence (Alzey, 29 nivôse an III).

Ferry (voir Laurent).

367. — *Genevois.* Lettres des administrateurs du district de Toul

relatives aux subsistances de la ville (frimaire an III); — on lui demande de réorganiser l'administration du district de Sarreguemines (brumaire an III); — ordre d'arrestation de Champagne-Bouzey (9 brumaire an III); — lettre de félicitations de Mourer, chef de bureau du district de Sarrebourg (5 nivôse an III); — ordre de mise en liberté de Melchior Shols, prêtre (14 nivôse an III); — ordre de mise en liberté de Charles Bigorne, volontaire au 2e Bataillon de Seine-et-Marne (15 nivôse an III) et réintégration en prison le lendemain; — ordre de mise en liberté de Jean Becker, meunier, Suzanne, sa fille, Jacques Scheider, garçon meunier, Barbe Wolf, fille de service à Metz, Jean Weislandt, maréchal ferrant à Sarreguemines (15 nivôse an III); — de Marie Kleber, veuve Coremand, allocation de secours (16 nivose an III); — de Claude Philippe Cornotte (14 nivôse an III), d'Anne Hellinger (15 nivôse an III): — d'Antoine Mittlach (15 nivôse an III); — demande de pain par les officiers du dépôt de dragons de Pont à Mousson (15 nivôse an III); — Weylle et consorts fournisseurs des ambulances et hospices de Nancy sollicitent la ration de subsistance (an III); — ordre de mise en liberté de Jean Robert, curé de Rozérieulles (17 nivôse an III); — de Casimir Baltazard de Hayange (16 nivôse an III); — autorisation de laisser sortir chaque jour à 4 heures du soir les otages mayençais détenus à Metz (18 nivôse an III); — ordre de donner des secours aux patriotes réfugiés de Deux Ponts (18 nivôse an III); — lettre de Patocki, agent en chef des vivres de la Moselle (19 nivôse an III), réclamation du district de Pont à Mousson au sujet des 4000 q. de grains dont il est réquisitionné; — ordre de mise en liberté : Sthenne (22 nivôse); — Louis le Sermelier, chanoine (22 nivôse); Jacques Humbert de Valmont (20 nivôse); Ferdinand Vacquant, curé de Lixières, rayé de la liste des déportés (21 nivôse); Bournouvelle, capitaine au 14e régiment d'infanterie légère (20 nivôse); le sr Dorin de Neuviller nommé membre du district de Vézelise demande à cesser ses fonctions et à retourner dans ses foyers (22 frimaire an III); lettre du comité de surveillance révolutionnaire de Nancy annonçant qu'il a décerné des mandats d'arrêt contre Wallier, ex maire de Nancy, Brisse, ex-maire et Arsant, ex-agent de la commune (nivôse an III); — Patocki, agent en chef des vivres, demande à conserver Thiebaut à son service (25 nivôse an III); — lettre de Moucherey, ex président du tribunal du district de Nancy demandant secours (27 nivôse an III); ordre de mise en liberté de Henri Biraud (29 nivôse an III); — de J.-B. Lausemant aide-magasin des vivres à Metz (29 nivôse); — ordre aux districts de fournir leurs réquisitions (29 nivôse an III); — ordre aux Administrateurs du département de se rendre à la commune de Metz pour assister à la fête de la Révolution (1er pluviôse an III); — arrêté fixant le traitement des employés de l'administration centrale (5 pluviôse an III); ordre de mise en liberté de Barbe Pecker (5 pluviôse an III).

367. (*a*) *Gentil* (voir Cusset, voir Maignet) décret de la Convention (22 juin 1793), rappel de Le Vasseur, de la Meurthe, remplacé par Gentil, du Mont Blanc.

Gillet. Proclamation (20 fructidor an III) au passage du Rhin par les armées républicaines.

Goujon (voir Hentz). Goujon et Hentz; proclamation aux armées du Rhin et de la Moselle (3 messidor an III), encouragements après les glorieuses journées des 24-27 messidor précédent contre les Prussiens.

Guyardin (voir Lacoste). — *Hentz et Goujon :* ordre de dépôt de tous les fusils des particuliers dans les arsenaux (13 prairial an II); — ordre d'envoyer au tribunal révolutionnaire de Paris : Trotianne, procureur syndic du district de Thionville, agent, homme de loi et d'affaires des comtes, seigneurs et émigrés du pays, de Goert, secrétaire du district; Rollez et Ham, hommes de loi, Bruno Boulanger, agent et amodiateur des moines contre-révolutionnaires de Trèves, Dechaux, employé dans les vivres; Lavolée, juge de paix du canton de Florange (3 messidor an II); mise en liberté des 2 derniers.

Jard-Panvillier, Représentant du Peuple pour assurer l'exécution des lois relatives à l'Instruction publique; arrêté relatif à ce qui a été fait pour l'enseignement et le recolement des bibliothèques (20 prairial an III).

Jean Bon Saint-André. Ordre au département de fournir 12,000 sacs de froment pour les magasins militaires (5 août 1793).

Lacoste. Ordre de vérifier les papiers du refuge de St. Vincent. — Lacoste et Guyardin; — réquisition de 12,000 sacs de froment (5 août 1793); — réquisition de 1200 hommes dans chacun des départements de la Meuse, de la Moselle, de la Meurthe, de l'Aube, Haute-Marne, Vosges, Haut et Bas-Rhin pour remplacer les garnisons extraites des places frontières (6 août 1793); ordre aux administrateurs, magistrats, membres des sociétés populaires de se porter en masse vers les frontières pour arrêter l'ennemi (24 août 1793). — Lacoste seul : ordre de réunion et de marche des hommes faisant partie de la levée en masse (3 septembre 1793). — Lacoste et Baudot : lettres aux administrateurs du département (29 frimaire an II) subsistances; — lettre aux corps administratifs; commission révolutionnaire et société populaire de Metz pour soutenir le zèle patriotique de la ville (28 frimaire an II); — subsistances (14 nivôse an II); lettre à la commission des Trois chargés de l'approvisionnement des subsistances de la République; — création d'une commission formée de Delattre, président du Tribunal criminel de la Moselle, Mulot, juge du tribunal du district de Bitche, Adam, juge du tribunal militaire de l'armée de la Moselle, Neumann, accusateur public près le tribunal criminel du Bas-Rhin, Fibich de Strasbourg et Altemayer, accusateur public près le Tribunal criminel de la Moselle, pour juger les crimes des contre-révolutionnaires (6 pluviôse an II); — arrêté (6 pluviôse an II); la ville de Strasbourg fournira 3 millions en espèces contre des assignats; — lettre aux Administrateurs du Département réclamant le versement des subsistances (22 pluviose an II); — mise en réquisition de harnais (26 pluviôse an II); — arrêtés (27 pluviôse an II); — subsistances; — recolement des dons patriotiques de vêtement pour les soldats (11 ventôse an II); — subsistances (12 germinal an II); — ordre à la commission établie à Landau pour l'évacuation du Palatinat d'envoyer des plombs aux arsenaux de Strasbourg (12 germinal an II); envoi de Danduran, nommé capitaine au régiment du 20e Hussards à Deux-Ponts pour concourir à l'évacuation de tous les objets qui s'y trouvent (13 germinal an II); — réquisition de 20,000 quintaux de grains sur les 1000 communes du Département (3 germinal an II); — arrêté contre les dilapidations, dans le district de Sarreguemines, d'effets venant de l'ennemi (13 germinal an II); — poursuites contre des fabricants de pâtisseries (14 germinal an II); – suspension et mise en surveillance de Boulard, maire de Bitche (15 germinal an II); — arrêté : vérification des effets provenant de l'évacuation de Deux-Ponts (germinal an II); — arrêté ordonnant d'enlever toutes les imprimeries de Deux-Ponts et de les conduire à Metz (18 germinal an II); — autre ordonnant l'enlèvement de tous les livres brochés qui se trouvent dans les imprimeries de Deux-Ponts (6 floréal an II); — les administrateurs du Département demandent des aides (21 floréal an II); — ordre de faire délivrer des rations de vivres à Thiébault (9 prairial an II); — déclaration de Lacoste (24 prairial an II); — qu'il laisse dans la cave de la maison de Cerisy, qu'il occupait un tonneau de vin blanc de 500 bouteilles venant du Palatinat et destiné à sa consommation ; — demandent au département copies des lettres qu'ils lui ont écrites en commun ou séparément (27 prairial an II); — annonce d'un nouveau triomphe des soldats de la République (18 vendémiaire an III).

367 (b). — *Laigle.* (Voir Duquesnoy).

Laurent et Ferry : Nomination des commissaires chargés des biens nationaux dans les districts de Neuf-Saarwerden, Harskirch et Dimering, réunis à la République par décret du 14 février dernier (19 juin 1793).

Lebas : Ordre du district de Bitche de fournir des fourneaux à la commission révolutionnaire qui s'est établie dans la maison de Du Pasquier (12 frimaire an II); — approbation de l'emploi des fers enlevés à la forge de Schenau (12 frimaire an II) ; — autorisation d'engagements au 3e Hussards (12 frimaire an II).

Levasseur : (Voir Anthoine et Maignet).

Louis : (Voir Pflieger).

Loysel, Représentant du Peuple pour l'organisation des Comités révolutionnaires dans la Moselle ; — lettre au district de Bitche (24 fructidor an II) ; — arrêté nommant Marchal, officier municipal de Bitche à la place de Bourié, nommé membre du Comité révolutionnaire (15 brumaire an II) ; — Muller nommé membre du Conseil général de Bitche (15 brumaire an III) ; — nomination de membres du Comité révolutionnaire de Bitche (m. d.) et de membres du Conseil général de la même commune (16 germinal) ; — arrêté qui augmente le traitement des administrateurs du district de Bitche (15 novembre 1794) ; — organisation des autorités constituées de Thionville (27 brumaire an III) ; — d'Hemmer, avoué à Thionville, comme agent national à Bitche (29 brumaire) ; — autorisation à Bouillard, président du tribunal du district de Bitche de se retirer dans ses foyers et cesser ses fonctions (29 brumaire an III); demande au département la liste de ses membres et de ceux à remplacer (5 frimaire an III) ; — nominations des membres du Comité révolutionnaire de Metz (6 frimaire an III) ; — fixation de l'indemnité due aux administrateurs du district de Bitche, étrangers au département (7 nivose an III).

Maignet : Autorisation aux forges de Hombourg et Ste. Fontaine de s'approvisionner de gueuses à celles de Sarrebrück (20 mai 1793).

Maignet et *Soubrany* demandent une entrevue au procureur général syndic (4 juin 1793) ; — les mêmes et Levasseur : demande de matelas pour la garnison de Longwy (29 juin 1793) ; — Maignet, Soubrany et *Maribon-Montaut* invitent Bordé, procureur général du Département, à passer chez eux pour traiter de la fourniture de chevaux (29 juin 1793) ; — Maignet, Soubrany, Maribon et Levasseur : ordre aux administrateurs du Département de fournir l'état des chevaux de leur réquisition (29 juin 1793) ; — ordre de rechercher les accapareurs de Toul (m. d.) ; Maignet, Soubrany, Maribon : ordre de former un conseil de santé dans chaque endroit où il y a un hôpital (2 juillet 1793) ; — Maignet, Soubrany, Maribon et Gentil : exemption des convois militaires pour les voituriers des forges de Dilling et autres (6 juillet 1793) ; — réunion à la France de la Commune d'Ensheim d'après le vœu des habitants (10 juillet 1793).

Mallarmé, Représentant du Peuple près les départements de Meuse et de Moselle pour l'organisation du gouvernement révolutionnaire ; — Mallarmé et Lacoste : ordre à tous les citoyens de Metz en état de marcher de se porter sur Saverne pour arrêter l'ennemi (11 brumaire an II) ; — arrêté de levée d'une taxe sur les riches (19 brumaire an II) ; — ordre de vérifier les viandes salées des magasins (20 brumaire) ; — ordre de construire à Metz 4 moulins à manège et 4 moulins à vent, les bois nécessaires seront pris dans les clochers (20 brumaire an II) ; — autorisation à Patocki (22 brumaire) de requérir telle quantité d'eau-de-vie suffisante ; — suppression de la permanence des sections de la ville de Metz (21 brumaire an II) ; — nomination de 11 membres de l'administration départementale pour compléter le nombre exigé (21 brumaire an II) ; — allocation de 250 livres par mois à Barthélemy, directeur du jury du district de Metz, comme maire de la ville de Metz (21 brumaire an II) ; — demande de renseignements sur l'exécution de l'arrêté du Représentant Faure sur l'exercice du culte catholique (15 pluviose an II) ; — envoi d'avoine, 30.700 sacs, de Verdun à Bar-le-Duc (23 pluviose an II) ; — ordre de nourrir les détenus avec économie (15 ventôse an II) ; — instructions sur les mesures révolutionnaires à appliquer aux détenus (15 ventôse an II) ; — mise sous séquestre des biens meubles et immeubles des individus sous la surveillance administrative (17 ventôse an II) ; — le représentant fait connaître qu'il appartient au District de connaître des faits d'émigration ; ce département ne doit s'occuper que des domaines nationaux (17 ventôse an II) ; — demande de renseignements sur tous les fonctionnaires pour expurger les administrations (19 ventôse an II) ; — renseignements sur les administrations de Sarrelibre et Longwy (21 ventôse an II) ; — ordre de prendre les mesures nécessaires pour que le service du citoyen Saget, ingénieur en chef, dont l'arrestation est ordonnée, ne souffre pas de cet état de choses (22 ventôse an II) ; — ordre de fournir des renseignements sur l'inobservation de l'arrêté sur la salaison des porcs gras venant du Palatinat (25 ventôse an II) ; — arrêté qui lève le séquestre des biens des personnes mises en liberté (m. d.) ; — demande à l'agent national du district de Bitche l'état de ses frais de tournées (26 ventôse an II) ; — Gougeon nommé agent national de Bitche (27 ventôse) ; — ordre de se pourvoir près du ministre de la guerre pour faire envoyer les otages de Kaiserslautern dans l'intérieur de la France (28 ventôse an II) ; — ordre à Garry l'aîné, commissaire aux biens des émigrés de fournir une feuillette de vin de Bourgogne (28 ventôse an II) ; — ordre aux sociétés républicaines de n'employer que la langue française (2 germinal an II) ; — demande un état de personnes des administrations du district de Thionville (3 germinal an II) ; — des gardes nationaux du même district, pour leur solde (5 germinal) ; — arrêté pour l'organisation d'un gouvernement révolutionnaire ; — mesure pressante contre les prêtres fanatiques (Thionville (6 germinal an II) ; — épuration des autorités du district de

Thionville (8 germinal an II) ; — convocation près de lui des administrateurs du Département pour conférer sur l'arrestation d'individus dénoncés par la Société populaire de Metz (10 germinal an II) ; — arrêté édictant des prescriptions contre l'exercice du culte dans le district de Montmédy, notamment à Dun (14 germinal an II) ; — lettre d'envoi de cet arrêté au Département de la Moselle, où l'on peut aussi l'appliquer (18 germinal an II) ; — renseignements fournis sur la vente des biens nationaux notamment à St. Avold (19 germinal an II) ; arrêté contre les prêtres (germinal-floréal an II) ; ils devront se rendre dans les 24 heures au chef-lieu de leur district ; — ordre de renvoyer à Sarreguemines les administrateurs du district qui ont été appelés à Metz pour y rendre leur compte (27 germinal an II) ; — ordonnance au district de Longwy de lever le sequestre mis sur les draps de la manufacture de Mercy-le-Bas (9 floréal an II) ; — Nettoyage des boucheries de la place de Longwy (11 floréal an II) ; — défense à tous administrateurs, employés d'administration du district de Bitche de quitter leurs fonctions sans avoir de successeur (13 floréal an II) ; — arrêté de réorganisation du district de Bitche (13 prairial an II) ; — observation sur deux prêtres qui figurent sur l'état des prisonniers de Thionville au lieu d'être déportés (16 floréal an II) ; — nouvelle arrestation de Zimmer et Gouger, ex-administrateurs du district de Thionville, acquittés par le jury (17 floréal) ; — le secrétaire générel Vallette demande au Représentant de lui apporter la lettre anonyme qui lui dénonce les administrateurs du Département (21 floréal an II) ; — recommandation au district de Thionville d'apporter plus d'ordre dans sa manière de traiter les affaires ; — Dumaire, ex-curé de Thionville, doit être regardé comme suspect (25 floréal an II) ; — arrêté : le district de Boulay et son tribunal sont supprimés et anéantis, l'administration du district de Morhange est transférée à Faulquemont, le chef-lieu du district de Sarrelibre est transferé à Bouzonville (25 floréal an II) ; — ordre d'élargir Kesse, ministre du culte, et de l'envoyer à Verdun (27 floréal an II) ; — dénonciation par Vallette des membres de la Société populaire de Sarreguemines (1 prairial an II) ; — mise en réquisition de Houchard fils, tanneur à Bitche, pour l'achèvement de la confection des cuirs appartenant à son père, pris comme otage par les Prussiens (4 prairial an II) ; — organisation des municipalités du district de Thionville (11 prairial an II) ; — avis de création d'une imprimerie à Clermont (Meuse) (13 prairial an II) — et nomination de Regnault de Bar-sur-Ornain, homme de lettres, comme administrateur de l'imprimerie ; — épuration des fonctionnaires du district de Faulquemont (8 prairial an II) ; — lettre à l'agent national du district de Bitche (22 messidor an II) après sa rentrée à la Convention ; — adresse des administrateurs du Département aux Représentants du Peuple sur le rappel intempestif de Mallarmé (17 brumaire an III).

368 (a). — *Mazade* (J. B.), successeur de Génevois, annonce son arrivée à Nancy et provisoirement à Metz (19 pluviôse an III); — lettre de Mazade qui demande un état des fonctionnaires en vue de l'épuration (5 ventôse an III); — proclamation aux administrateurs du département de la Meurthe (12 pluviôse an III); — arrêté sur la liberté des cultes (11 ventôse an III); — lettre au sujet des réquisitions à fournir à la ville de Metz (11 ventôse an III); — suppression des comités révolutionnaires de la Meurthe et de la Moselle (22 ventôse); — formation d'un conseil de 5 membres pour donner leur avis sur diverses questions (23 ventôse); — demande de renseignements sur l'état des linges des magasins de la ville (24 ventôse); — information contre Louis, ex-administrateur du département, qui tend à empêcher le libre exercice du culte (27 ventôse); — rappel du port obligatoire de la cocarde tricolore (1 germinal an III); — invitation au département de faire exécuter les réquisitions de subsistances (5 germinal); — lettre de Mazade sur les devoirs des citoyens envers la moralité (14 germinal); — suppression à Metz et dans toutes les communes de la Moselle et de la Meurthe des corporations de fossoyeurs, liberté des inhumations (13 germinal an III); — épuration des autorités du district de Thionville (24 germinal an III); — observation du département sur les fournitures de grains et de fourrages (24 germinal an III); — épuration des districts de Faulquemont (1 floréal an II); — du département (2 floréal); — de Bitche (7 floréal) et Sarrelibre (18 floréal an II); — arrêté qui prescrit de veiller à la libre circulation des grains destinés à la ville de Metz (6 floréal an III); — désarmement de gardes nationaux perturbateurs du repos public; Delattre, ex-président du tribunal criminel, Lajeunesse, ex-secrétaire général, etc. (6 floréal an III); — mesures contre les émigrés et prêtres réfractaires (8 floréal an III); — arrêté relatif aux emprunts de grains fait par la ville de Metz (9 floréal an III); — arrêté autorisant le district de Bitche à requérir tout citoyen nécessaire à son travail de bureau et à pourvoir à sa subsistance (9 floréal an III); — arrêté d'arrestation de Richard et Schrader, ex-administrateur de la Moselle, Comerel, ex-président du district de Sarreguemines, Naudin, juge du tribunal du district, Collange, ferblantier, à Metz, Collette, marchand à Metz, tous comme terroristes (11 floréal an III); — arrêté ordonnant l'arrestation des voituriers qui refuseront de faire des convois pour les forges de Mouterhausen (17 floréal an III); — nomination de juges suppléants au tribunal de Bitche (20 floréal an III); — arrêté ordonnant le renvoi à sa famille de Brandt, dément, prévenu d'émigration (21 floréal an III);

— formation de la municipalité de Mouterhausen (floréal an III); — organisation des districts de Briey et Longwy (28 floréal an III); — nomination des juges de paix dans le département (4 prairial an III); — lettre sur l'insurrection des Jacobins à Paris (7 prairial an III); — arrêté du Comité des finances (3 thermidor an III) qui annule celui de Mazade du 20 floréal précédent fixant à 5,000 l. par an le traitement des administrateurs du district de Bitche.

369. — *Maribon* (voir Maignet).

Merlin (voir Cavaignac).

Michaud : Contestation entre la Moselle et la Meurthe (vendémiaire an III).

Neveu : (Vignette) Ordre à Guilbert, commissaire des guerres, de se rendre dans divers départements pour y presser le versement des réquisitions (14 pluviôse an III); — envois d'arrêtés relatifs aux nouveaux contingents à fournir par le département et à la libre circulation des grains (17 pluviôse an III); — ordre de réquisition de voitures pour les fourrages (germinal an III).

Niou, Représentant du Peuple à Nevers, chargé de l'inspection des ports et arsenaux, nomme Chauvet de Nevers pour requérir des bois (29 thermidor an II).

Periès : ordre de requérir les matériaux, bateaux, voitures et ouvriers nécessaires aux travaux des routes (12 prairial an III); — (très jolie vignette).

Peyre et Ritter (délégués près l'armée d'Italie); — proclamation aux déserteurs (25 vendimiaire an III).

Pflieger et *Louis* : arrêté qui autorise des achats de grains dans le département (mai-juin 1793); — arrêté qui autorise les administrateurs à se servir de la gendarmerie pour le transport de leurs pièces (29 germinal an II); — arrêté relatif aux selles de cavalerie (18 messidor an II); — ordre de mettre les prés en réserve (13 messidor an II); — arrêté ordonnant de battre la moitié des blés récoltés (4 thermidor an II); — approvisionnement en bois de chauffage de Metz et Thionville (15 vendémiaire an III).

Prieur (voir Jean Bon Saint-André).

Quinette : Lettre de l'administration centrale exprimant ses regrets de n'avoir pu lui rendre visite, tant fut prompt son départ (25 vendémiaire an VII).

Richaud et *Soubrany* : arrêté obligeant les municipalités à réparer les routes qui les traversent (11 brumaire an II); — notamment celle de Saint-Avold à Metz; — mesures pour préparer 100,000 rations de pain pour 15 à 16,000 hommes qui vont arriver (20 brumaire an II); — maintien provisoire du marché aux grains de Bouquenom (22 brumaire an II); — arrêté ordonnant de faire réparer les routes de Bitche à Landau (26 thermidor an II).

Ritter (voir Peyre).

Rivaud (voir Cavaignac).

Soubrany (voir Ehrmann, Maignet et Richaud).

Vernerey, Représentant du Peuple près les salines de la République. Réquisition de voitures pour transport de bois et houille aux salines de Dieuze, Moyenvic et Salins-Libre.

BIBLIOTHÈQUE NATIONALE IMPRIMÉS R.F.

Le Puy-en-Velay. — Imprimerie Peyriller, Rouchon et Gamon, boulevard Carnot, 23.

www.ingramcontent.com/pod-product-compliance
Ingram Content Group UK Ltd.
Pitfield, Milton Keynes, MK11 3LW, UK
UKHW020504230726
13925UKWH00005B/2089